Von legendären Katzen & Katzenlegenden

Von Jessica Hilbert

Buchbeschreibung:

»Von legendären Katzen & Katzenlegenden« ist eine poetische Entdeckungsreise durch Geschichten und Mythen, die Katzen auf vielfältige Weise als Helden, Begleiter und geheimnisvolle Wesen feiern.

Im Fokus stehen außergewöhnliche Leistungen legendärer Katzen, allgemein bemerkenswerte Eigenschaften sowie ausgewählte Legenden.

Über die Autorin:

Jessica Hilbert, Jahrgang 1987, erblickte das Licht der Welt in Schleswig-Holstein. Nach erfolgreichem Abschluss ihrer Dissertation im Bereich Chemie begann sie, sich auch dem Verfassen von Texten jenseits der wissenschaftlichen Welt zu widmen. Dazu zählen neben Fantasyromanen auch Gedichte über des Menschen liebste Vierbeiner.

Ebenfalls von der Autorin erschienen:

Illustrierte Gedichtbände:
   Von Samtpfoten & Märchenkatzen
   Von Schiffskatzen & Schmusetigern
   Von Spürnasen & Hundehaaren

Fantasyromane:
   Katzenagenten – Bedrohung aus dem Nebel

Von legendären Katzen & Katzenlegenden

Illustrierte Katzengedichte Band 3

Von Jessica Hilbert

Bibliografische Information der Deutschen National-
bibliothek: Die Deutsche Nationalbibliothek verzeich-
net diese Publikation in der Deutschen Nationalbiblio-
grafie; detaillierte bibliografische Daten sind im Inter-
net über http://dnb.dnb.de abrufbar.

Blog: www.buchstabenpfote.de
E-Mail: kontakt@buchstabenpfote.de

Text: Jessica Hilbert
Covergestaltung: Jessica Hilbert
Coverabbildung: erstellt mit Midjourney
Illustrationen: erstellt mit Midjourney, bearbeitet durch
Jessica Hilbert

Verlag: BoD · Books on Demand GmbH, In de Tarpen 42,
22848 Norderstedt, bod@bod.de
Druck: Libri Plureos GmbH, Friedensallee 273, 22763
Hamburg

ISBN: 978-3-7693-7725-5

Inhalt

Content Note/Inhaltswarnung

Das Gedicht »Der Geruch am Ende Sanduhr« befasst sich mit dem Thema Tod und Vergänglichkeit. Im Speziellen mit dem Phänomen, dass Katzen den nahenden Tod von Menschen zu spüren scheinen.

Legendäre Katzen

Acatar, die Retterin im Kerker

Gefangen in Dunkelheit, der Hunger nagt,
   ein Ritter, der um sein Leben klagt.
   Doch eines Tages, bei schwachem Licht,
   kam eine Katze, ein tröstendes Gesicht.

Mit Pfoten so flink, mit Augen so klug,
   brach sie die Stille, gab Hoffnung genug.
   Die erste Taube, gelegt zu seinen Füßen,
   war Nahrung, die half, die Qual zu schließen.

Er streichelte sie, ihre Wärme gab Halt,
   die Verzweiflung verlor ihre finstere Gewalt.
   »Acatar«, sprach er, »so nenne ich dich,
   du bist meine Retterin, vergiss das nicht.«

Tag für Tag kam sie, unermüdlich und still,
   mit jeder Taube wuchs sein Lebenswill.
   Acatar, die Helferin, brachte ihm Kraft,
   bis er den Kerker schließlich geschafft.

Als Freiheit ihn rief, blieben sie Seite an Seite,
   klar, wer ihr wen aus der Dunkelheit befreite.
   Es war eine Freundschaft auf Lebenszeit,
   ein Band, geschmiedet für die Ewigkeit.

Tabby, Schiffskatze der Lake Eliko

Im Jahr 1920, die See tobt und grollt,
    ein Boot mit elf Mann der Sturm überrollt.
    Alle im Wasser, von Dunkelheit umhüllt,
    verloren die Hoffnung, vom Sturm überbrüllt.

Doch Schiffskatze Tabby miaute im Wind,
    verließ sich auf ihren Instinkt geschwind.
    Zielsicher schwamm sie dem Schiff entgegen,
    neun Männer folgten dem Weg durch den
Regen.

Zwei Männer erreichten das Schiff nicht mehr,
    ertranken im Sturm, die Wellen zu schwer.
    Doch Tabby, mit Mut und großem Geschick,
    half den anderen sicher zurück.

Ihre Tat machte Schlagzeilen, als Heldin geehrt,
    die Katze, die in der Nacht das Leben bewährt.
    Ein Vorbild, gefeiert in stürmischer Zeit,
    Tabby, die Retterin, stets bereit.

Room 8, der Schulkater

Ein Schulfenster stand offen, 1952,
  die Gelegenheit war günstig.
  Ein Kater schlüpfte ins Zimmer hinein,
  und fand bei den Kindern ein neues Heim.

Room 8, benannt nach besagtem Zimmer,
  entschloss sich, zu bleiben, für immer.
  Nicht als ein Haustier, nein, viel mehr,
  ein Begleiter, der kam und ging, fast wie ein Lehrer.

Im Klassenzimmer, auf den Tischen, so frei,
  schlief er, schnurrte, war immer dabei.
  Er brauchte kein Lehrbuch, verstand ihren Ton,
  ein Freund der Schüler, in jeder Lektion.

In den Ferien verschwand er, suchte sein Glück,
  doch kehrte er stets zu Schulbeginn zurück.
  Ein Pfotenabdruck mit Tafel erzählt,
  von dem Kater, der eine Schule erwählt.

Félicette, die Weltraumkatze

Im Jahr '63, der Oktober war kühl,
  flog Félicette, der Weltraum ihr Ziel.
  In einer Kapsel, winzig und fest,
  begann ihre Reise, ein mutiger Test.

Zwei Minuten schwerelos, hoch über der Erde,
  ein kurzer Moment, der Forschung zur Ehre.
  Ihr Gehirn gemessen, die Reaktion gespürt,
  Wissenschaftler fanden, was die Schwerkraft
verführt.

Félicette kehrte sicher von der Reise zurück,
  doch geriet ihr Verdienst in Vergessenheit,
Stück für Stück.
  Erst später, als man die Bedeutung verstand,
  wurde Félicettes Leistung anerkannt.

In Paris ziert nun eine Statue den Platz,
  zu Ehren der ersten Weltraumkatz'.
  Kein lauter Applaus, doch ein stilles Wort,
  für Félicette, die erste Katze im All vor Ort.

Towser, die Mäusefängerin

Towser, eine Katze mit überragenden Arbeitssinn,
   war auf ihre Art eine besondere Heldin.
   Auf dem Gelände der Glenturret Destillerie,
   war sie berühmt für ihre Mäusemanie.

Jahrelang ging sie gewissenhaft auf die Jagd,
   fing alles, was sich vor ihre Pfoten wagt.
   Die Gegend, das Haus und das Lager,
   blieben frei, ohne Anzeichen von Nager.

Über die Jahre – so erzählt man sich heute,
   hat sie über 28.000 Mäuse erbeutet.
   Dies ist von offizieller Seite bestätigt worden,
   eine Tafel ehrt mit folgenden Worten:

Towser, eine Katze, bekannt weit und breit,
   fing 28.899 Mäuse zu Lebenszeit.
   Im Mäusefangen die Weltmeisterin,
   so steht es im Buch der Rekorde drin.

Mystisch und geheimnisvoll

Der geheime Tanz der Katzen

In stiller Nacht, im silbernen Licht,
  wo Schatten und Mond sich verweben dicht,
  versammeln sich Katzen, ein heimlicher Schwarm,
  an einem Ort, verborgen und warm.

Aus Gassen und Dächern, von nah und fern,
  sie folgen dem Ruf, versammeln sich gern.
  Ein Treffpunkt der Freiheit, der nur ihnen gehört,
  wo keine Gefahr ihre Freude stört.

Sie tanzen und spielen, in Kreisen so schön,
  ein Schauspiel, das Menschen nie werden verstehn.
  Mit Anmut und Kraft, im nächtlichen Spiel,
  entfaltet sich Leben, ein zauberhaftes Gefühl.

Doch wenn der erste Sonnenstrahl erwacht,
  verlassen sie leise die magische Nacht.
  Der Tanz der Katzen, geheim und versteckt,
  ein Mysterium, das der Morgen verdeckt.

Spiegel der Seele

In ihren Augen, tief und weit,
spiegelt sich die Ewigkeit.
Ein Fenster, klar und voller Glanz,
führt uns in einen stillen Tanz.

Ihr Blick erzählt von ihrem Fühlen,
ein Hauch genügt, um zu enthüllen.
Ein Streifen nur, ein kurzer Schein,
eine Ahnung, was mag noch verborgen sein.

Doch auch ihr Stolz, so stark, so rein,
zeigt sich im Blick, der sanft mag sein.
Wie Sonnenstrahlen auf dem Glas,
reflektiert ihr Blick, wird nie erfasst.

So blicken wir in ihre Augen,
und spüren, wie sie uns umschauen.
Ein Spiegel, klar wie nie zuvor,
verbindet Seelen, wird zum Tor.

Wildkatze

Wildkatze, wer dich sieht, erkennt sogleich,
dein Wesen ist geheimnisreich.
Du bist ungezähmt, doch feminin,
der Wildnis anmutige Königin.

Dein Fell ist weich, es schützt und tarnt,
dein Gang auf leisen Pfoten, ungewarnt.
Dein Instinkt furchtlos geschliffen pur,
Jägerin, ein perfekter Entwurf der Natur.

In deinen Augen spiegelt sich,
eine Freiheit, die besticht.
Du bist ein Wesen voller Leben,
stolz, unabhängig, frei von Zwängen.

Kein Zaumzeug, keine Leine, die dich hält,
du lebst im Einklang mit der Welt.
Ein Wesen geschaffen für sein Revier,
anmutig, schön, doch immer ein Raubtier.

Wildkatze, du bist wie der Wind,
unberechenbar, schön, geschwind.
Dein Ruf durchdringt die stille Nacht,
ein Zeichen wilder, ungezähmter Kraft.

Katzenträume

Tief in der Nacht, wenn alles schläft,
   der Vollmond sacht das Zimmer streift,
   beginnt die Katze ihre Träume zu weben,
   geheimnisvoll und voller Leben.

Sie träumt von Mäusen und Vögeln,
   von Abenteuern und endlosen Wegen,
   von Wiesen, die im Mondlicht glühen,
   von Sprüngen, so wild und kühn.

Ihr Körper wiegt sich sanft im Traum,
   der Geist erkunden den unendlichen Raum,
   durchstreift Wälder, überfliegt Felder,
   lenkt ihre Reise stets selber.

So schlummert die Katze friedlich und still,
   schnurrend, erfüllt von zufriedenem Gefühl,
   träumend von einer Welt, die ihr gehört,
   voll Abenteuern, die kein Mensch je erfährt.

Die Seele einer Katze: ein Buch

Die Seele einer Katze, ein Buch so fein,
    verfasst auf Papier so unendlich rein.
    Mit Tinte geschrieben, so tief wie die See,
    in Zeichen geschrieben, die nur sie kann verstehn.

Die Seiten, so zart, wie Mondlicht gewoben,
    umgeben das Wesen, dem jeder gewogen.
    Die Schrift, fließend, doch keiner versteht,
    ein Rätsel, das leise durch Zeiten verweht.

Die Hände des Menschen blättern vergebens,
    die Katze bewahrt den Sinn ihres Lebens.
    Der Mensch, begierig, sucht Antwort im Blick,
    die Katze schweigt still, voll magischen Glücks.

Ein Buch bleibt es, das niemand wohl liest,
    ein Wunder der Welt, das verborgen ist.
    Die Katze, ein Mysterium, schnurrend und selig,
    ihr Geheimnis gehütet, auf immer und ewig.

Frei nach der persischen Weisheit:

»Die Seele einer Katze ist ein Buch, das der Mensch nicht lesen kann.«

Bemerkenswerte Katzenkräfte

Nachtsicht

Die Katze, ein Jäger im Dämmerlicht,
dessen Blick das Dunkel durchbricht.
Ihre Augen, an das Dunkel gewöhnt,
sehen mehr, als der Mensch je erträumt.

Im Auge verborgen, ein Meisterwerk fein,
das Tapetum lucidum lässt es erstrahlen rein.
Licht, das fällt, wird zurückgesandt,
und schärft die Sicht, die im Dunkeln entstand.

Die Pupillen, elliptisch, weit geöffnet nun,
sie sammeln das Licht in vollendetem Tun.
Bewegung im Schatten wird schnell erkannt,
ihr Blick ist präzise, geschärft und gebannt.

Die sprichwörtlichen Katzenaugen, so klar,
sind ein Wunder der Natur, einzigartig und rar.
Ein Jäger, der Licht zweimal nutzt in der Nacht,
ein Wesen, das Wissenschaft und Poesie entfacht.

Die Geräuschwelt der Katzen

Ein sanftes Rascheln im hohen Gras,
    die Katze horcht auf, wo sie eben noch saß.
Ein leises Flüstern im Windeshauch,
    sie hört es deutlich, kein Zweifel auch.

Mit einem Sinn, der sich in alle Richtungen dreht,
    hört die Katze, was uns oft entgeht.
In einem Bereich, den wir nie hören,
    lauscht sie dem Flüstern der Mäuse im Schatten.

Die Beweglichkeit ihrer Ohren so präzise,
    sie ortet Geräusche, punktgenau und flexibel.
Mit Präzision lauscht sie der Welt,
    blendet aus, was sie nicht interessiert.

Doch miaut manch Katze selbst auch gerne,
    mal laut, mal zart, wie aus weiter Ferne.
Die leisen Laute, kaum hörbar für uns,
    sind ein zärtliches Flüstern, ein sanfter Genuss.

Sie lauscht und teilt mit, so manches verborgen,
    aus einer Welt, die wir noch erforschen.
Ihr Gehör, meisterhaft im Geräusche wahrnehmen,
    perfekt gemacht für die Jagd und das Leben.

Erstaunlich beweglich

In einem Tanz aus Anmut und Leichtigkeit,
zeigt die Katze ihre wahre Fähigkeit.
Die Wirbelsäule, so geschmeidig beweglich,
ermöglicht Positionen, unglaublich gelenkig.

In engen Räumen, flink und bedacht,
verschwindet sie scheinbar, als wär's leicht
vollbracht.
Ein Karton, so klein und doch ihr Revier,
sie passt hinein, mühelos, dieses Pelztier.

Mit Bewegung und Dehnung in purer Eleganz,
dreht sie und biegt sich, ein schwereloser Tanz.
Ihr Körper gehorcht, folgt jedem Befehl,
ein Wunder der Natur, ein lebendiges Juwel.

Mit Flexibilität, ihre geheime Kraft,
sie meistert sie mühelos, selbst im Schlaf.
Sie dehnt und schmiegt sich in jeden Raum,
die Katze, ein Kunstwerk, ein wilder Traum.

Vorahnung

In der Stille, die sich tief verbreitet,
   und der Erde schwerer Atem gleitet,
   sieht die Katze, was der Mensch nicht fühlt,
   versteht die Zeichen, die der Wind verwehrt.

Ein Zittern in der Luft, ein Hauch von Klang,
   der nur ihr Ohr vernimmt, ganz ohne Zwang.
   Sie spürt Erschütterungen, die noch schweben,
   weiß, dass der Boden bald wird beben.

Keine Worte, keine Zeichen aus der Welt,
   doch sie erkennt, was uns nicht gefällt.
   In ihren Pfoten vibriert das Wissen,
   dass uns das Schicksal bald wird messen.

Dann bricht die Erde, tief und laut,
   ein Beben, das den Himmel berührt,
   und endlich, in der Wucht, dem Schall,
   versteht der Mensch, er hört den Knall.

Die Katze, sie war längst entglitten,
   in einem sicheren Winkel, unbestritten,
   und der Mensch, benommen und ängstlich,
   begreift die Vorahnung doch schlussendlich.

Der Geruch am Ende der Sanduhr

Am Ende der Sanduhr, im flimmernden Licht,
    verändert sich leise der Duft dieser Zeit.
    Die Katze, sie spürt, was der Mensch nicht
ausspricht,
    ihr Blick voller Wissen, das im Schatten ver-
weilt.

Sie schleicht durch das Zimmer, mit weichem
Schritt,
    hört den Herzschlag, der leise verklingt.
    Sie fühlt, was unser Blick nicht erblickt,
    sie spürt, wie das Leben langsam verfliegt.

Der Geruch am Ende der Sanduhr verweht,
    die Katze, sie lauscht, als die Zeit still verweilt.
    Der Moment ist gekommen, der alles versteht,
    erst dann spürt der Mensch, wie der Duft ihn
befreit.

Vor ihm liegt das Ende, so zart wie der Wind,
    die Katze, sie senkt wissend den Blick,
    weiß sie doch auch, dass ein Kreislauf beginnt,
    die Zeit kehrt zurück, unsichtbar, ohne
Hektik.

Katzenlegenden

Kaspar oder der 13. Gast

Die 13 bringt kein Glück, das ist nicht neu,
   doch ereilte vor langer Zeit im Savoy,
   einem Gast einer 13er Runde ein Unglück –
   er kehrte nicht lebend zurück.

Seitdem wurde die Anzahl 13 vermieden,
   man weigerte sich, für diese zu servieren.
   Eine Lösung musste dringend her,
   das war die Geburtsstunde von Kaspar.

Ein 13. Gast, der niemanden stört,
   sondern wie selbstverständlich dazu gehört.
   Kaspar, aus Holz, in Form einer Katze,
   schwarz, anmutig, mit gesetzter Tatze.

Kaspar wartet seitdem im Foyer,
   als eine einzigartige Glücksfee.
   Kommen nun 13 Personen hereinspaziert,
   wird die Skulptur mit am Tisch platziert.

Die Katze kommt als der 13. Gast zum Einsatz,
   mit Lätzchen und eigenem Gedeck am Platz.
   So wird die Zahl auf 14 gestreckt,
   und abgewendet jedes Unglück.

Patripatan oder die Zeit stand still

Vor langer Zeit, im fernen Indien,
   wollte ein Priester allen imponieren,
   er pflückte eine Blume vom heiligen Baum,
   bekam seinem Platz im adeligen Raum.
   Doch da sprach ein einfacher Mann:
   »Dies kann auch mein Kater, Patripatan.«
   Alle hielten den Mann für verrückt,
   der Kater sagte: »Ich versuche mein Glück.«

 Also stieg Patripatan zum Himmel empor,
   kein Kater hatte dies je gewagt zuvor.
   Die Götter, über den flauschigen Gast ent-
zückt,
   überließen ihm gerne eine Blüte zum Glück.
   Der Abschied viel allen unglaublich schwer,
   sodass Patripatan sagte: »Hört her:
   Für 300 Jahre will ich hier bleiben,
   aber nur, wenn die Erde vergisst zu altern.«

Die Jahrhunderte vergingen geschwind,
   auf der Erde blieb Zeit wie ein Name im Wind.
   Bis eines Tages, als die Stunde kam,
   der Himmel sich öffnete, strahlend und warm.
   Patripatan, auf einem Thron aus Blüten,
   schwebte zurück zur Erde hin,
   auf einer Wolke in allen Farben,
   mit der heilige Blüte im Maul, wie ver-
sprochen.

Ailouros oder die anmutigste Katze

Ailouros lebte vor langer Zeit schon,
   eine Katze so schön wie der Himmelsthron.
   Die Statur makellos, ein Fell voller Glanz,
   ihr Schnurren Musik, die Bewegung ein Tanz.

Die Götter stellten untereinander die Frage,
   welche Anmut diese Katze als Mensch wohl
habe.
   Ein Zauber erklang, die Katze verschwand,
   an ihrer Stelle eine Frau nun stand.

Die Göttinnen schwiegen, dann flüsterte Neid,
   angesichts Ailouros menschlicher Schönheit.
   Ihr Anblick verzauberte, ein seltsames Spiel,
   sie zog jedes Herz in ihr magisches Ziel.

Doch Aphrodite, von Zorn aufgezehrt,
   fühlte ihr Ansehen grausam entehrt.
   Mit donnernder Stimme und loderndem Blick
   rief sie: „Genug! Jetzt kehre zurück!"

Und die Katze sprach, mit funkelndem Blick:
   „Ich bin wieder ich – das war nur ein Trick.
   Denn welche Katze, so weise und frei,
   tauscht ihr Katzenleben für ein menschliches
ein?"

Galinthias oder die treue Freundin

So manch einer der antiken Geschichten,
   vermag vom Helden Herakles zu berichten,
   doch kennt ihr auch die eine, verborgen,
   von seiner Geburt, jenen Tagen voll Sorgen?

Seine Mutter Alkmene lag schwer in den Wehen,
   Hera, voll Zorn, ließ keinen Ausweg mehr
sehen.
   Eileithyia kam, den Zauber zu weben,
   um die Geburt auf ewig zu verwehren.

Alkmene litt Qualen, verzweifelt und bang,
   da schritt mutig Galinthias voran.
   »Das Kind ist geboren!«, rief sie laut aus,
   und brach somit die Ketten des Zaubers.

Eileithyia, erschrocken, wich schnell zurück,
    Herakles kam unversehrt – welch ein Glück.
    Doch Heras Zorn war nicht zu besiegen,
    Galinthias' Schicksal somit entschieden.

»Du hast gewagt, meinen Willen zu beugen,
    drum sollst du als Katze durchs Leben dich
neigen.«
    Die Strafe war hart, doch Hekate gefiel,
    die List einer Treuen, drum gab sie Exil.

»Galinthias, komm, an meiner Seite ist Platz,
    Mut und Verstand sind der wahre Schatz.«
    So lebt Galinthias, vom Schicksal gezeichnet,
    als Katze, die dennoch ein neues Licht ent-
faltet.

Muezza oder der heilige Schlaf

In einer Zeit, vom Glauben durchzogen,
  wo Herzen zu Worten des Lichts gewoben,
  gab es ein Wesen, das stets hier verweilte,
  Muezza, die Katze, treu an der Seite.

Einst, als der Ruf zum Gebet erklang,
  und Mohammed sich zum Gebet erhob,
  lag Muezza am Ärmel, in tiefem Schlaf,
  still und friedlich, wie es nur Liebe schafft.

Er sah sie dort, in Träumen verloren,
  und wusste, das Leben ist rein geboren.
  Er störte sie nicht, ließ sie still verweilen,
  geschnitten der Stoff, um den Frieden zu teilen.

Mit sanfter Geste und Herz voll Licht,
  zollte er Achtung, die nie zerbricht.
  Die Katze schlief weiter und eins ist gewiss:
  Solch Liebe zur Schöpfung bleibt unvergäng-
lich.

Epigramme

Epigramm, das

Ein kurzes, prägnantes Gedicht, das oft einen satirischen oder ironischen Unterton hat. Am Ende des Gedichts ist in der Regel eine Pointe oder überraschenden Wendung enthalten.

Die Katze springt und fällt vom Rand,
sie schaut sich um, als sei's geplant.
Kein Fehler sei ihr je verwehrt,
sie tut, als hätt' sie es gelehrt.

Du sprichst von einem großen Ziel,
doch sie weiß längst, das heißt nicht viel.
Du suchst und forschst und willst verstehen,
sie ruht und lässt die Welt vergehen.

Die Katze sitzt, so ruhig, so klar,
ihr Fell so weich, so sanft, so rar.
Ihr Blick ist ruhig, tief und rein,
du bist verliebt, so muss es sein.

Die Katze schleicht im Mondenschein,
nähert sich geschmeidig keck.
Sie flüstert: »Lass mich allein,
denn Freiheit ist mein Lebenszweck.«

Ein Königreich für eine Katz',
so sprach der Dichter voll Verdruss.
Denn wer ihr Herz im Leben hat,
erträgt mit Stolz den Freiheitskuss.

Danksagung

Vielen Dank an alle, denen meine bisherigen Gedichte gefallen haben und die mich so ermutigt haben, weiter zu machen. Hierbei ein besonderes Dankeschön an Patricia, Konrad, Dominique, Dagmar, Manfred, Heti, Manuela, Ralph, Ruth und Melanie.

Ein gesonderter Dank geht an meinen Mann für seine Unterstützung, sei es durch Worte, Gesten oder einfach eine Tasse Tee.

Ein weiterer Dank geht auch an die vierbeinigen Samtpfoten, die mich durch ihr Verhalten und ihre Geschichten erst auf die Ideen zu diesen Gedichten gebracht haben.

Und zu guter Letzt: Danke an die verrückten Ideen und Einfälle, die solche Projekte wie dieses hier immer erst möglich machen. Ich weiß zwar nicht, wo ihr immer alle herkommt, aber ihr dürft gerne weiter vorbeischauen.